Carmen Möller

Was machen, wenn der Eisberg schmilzt?
Vom Mut, neue kommunale Wege zu gehen

Carmen Möller

Was machen, wenn der Eisberg schmilzt?

Vom Mut, neue kommunale Wege zu gehen

Rediroma-Verlag

Bibliografische Information der Deutschen Nationalbibliothek:
Die Deutsche Nationalbibliothek verzeichnet diese Publikation in der Deutschen Nationalbibliografie; detaillierte bibliografische Daten sind im Internet über http://portal.dnb.de abrufbar.

ISBN 978-3-96103-794-0

www.rediroma-verlag.de
9,95 Euro (D)

Inhalt

1. Grußwort von Geschäftsführer Claus Spandau, Kommunales Beratungszentrum Hessen – Partner der Kommunen

Die Interkommunale Zusammenarbeit (IKZ) der Kommunen in Hessen hat sich in den vergangenen 15 Jahren mit stetig zunehmender Intensität zu einem wichtigen Handlungsfeld für die Kommunen entwickelt. Die wesentlichen Wirkungsweisen der IKZ liegen in einer höheren Qualität der Arbeitsergebnisse sowie in geringeren finanziellen Aufwänden.

Dabei hat sich die IKZ von kleinen und relativ einfachen Kooperationsmodellen zu zunehmend komplexeren und, was die Aufgabenfelder anbelangt, breiteren Modellen entwickelt.

Seit dem Jahre 2014 haben Kommunen zur Schaffung zukunftsfähiger Kommunalstrukturen in verstärktem Maße umfassende und enge Formen der IKZ in ihr Blickfeld genommen – den Gemeindeverwaltungsverband (GVV) sowie die Fusion.

Diese beiden Formen der IKZ erbringen gegenüber der Ämter-, Fachdienste- oder Fachbereichsweisen IKZ erheblich deutlichere Vorteile hinsichtlich der Qualitätssteigerung und der Aufwandsreduzierung.

Allerdings stellen der GVV und die Fusion auch sehr deutlich erhöhte Anforderungen an die Einbindung der Mitarbeiterinnen und Mitarbeiter, die Einbeziehung der Bürgerinnen und Bürger, die politische Beratung und Beschlussfassung in kommunalen Gremien, an Planung, Vorbereitung und Umsetzung dieser Modelle. Dabei sind diese Anforderungen bei einer Fusion noch einmal deutlich höher als bei einem GVV.

Um den Kommunen bei ihrem Beratungs- und Entscheidungsprozess zu einer engen Form der IKZ eine Grundlage zu geben, werden regelmäßig Machbarkeitsstudien erstellt, die Risiken wie Erfolgsaussichten intensiv untersuchen.

Die Hessische Landesregierung unterstützt die Kommunen bei der Erstellung von Machbarkeitsstudien finanziell mit 30.000 Euro für einen GVV und mit 50.000 Euro für eine Fusion.

Einen Beitrag, Sie für den Weg zu einer zukunftsfähigen Kommunalstruktur zu interessieren und Ihren Blick darauf zu lenken, wird das vorliegende Heft leisten und ich wünsche Ihnen viel Spaß und interessante Eindrücke bei der Lektüre dieses Büchleins.

Und es wäre sehr schön, wenn wir uns zu einem späteren Zeitpunkt bei Ihrer Befassung mit einem IKZ-Projekt persönlich kennenlernen.

Mit besten Grüßen
Ihr
Claus Spandau

2. Grußwort von Geschäftsführer Harald Semler, Hessischer Städte- und Gemeindebund

In Städten und Gemeinden kommen die Menschen am unmittelbarsten mit öffentlichen Angelegenheiten in Berührung: Stromversorgung, Müllabfuhr und Sozialhilfe sind kommunale Aufgaben. Darüber hinaus sollen die Kommunen die Kinderbetreuung verbessern, Stadtentwicklung vorantreiben, Kultur und Sport fördern, Abwasser beseitigen, die örtliche Daseinsvorsorge organisieren und mit Investitionen das örtliche Handwerk stärken – dies alles jedoch mit einem engen finanziellen und formellen Spielraum. Gleichzeitig muss vor Ort dem demografischen Wandel Rechnung getragen werden, gerade für kleine Kommunen ist dies eine riesengroße Herausforderung.

Diese Herausforderungen rufen darum in einem immer stärker werdenden Maße das Thema der interkommunalen Zusammenarbeit auf. Kleinere und mittlere Kommunen können davon profitieren, wenn sie ihre Kräfte bündeln und durch die Schaffung effizienter Strukturen Kosten vermindern bzw. vermeiden.

Die Praxis der entsprechenden Projekte hat gezeigt, dass die Kooperationen dann reüssieren, wenn sie auf Augenhöhe aller Beteiligten vorangetrieben werden. Die Erfahrungen sagen aber auch, dass Interkommunale Zusammenarbeit kein Allheilmittel ist und vor Ort sorgfältig vorbereitet und begleitet werden muss. Ist die Bürgerschaft bei der gewünschten Kooperation frühzeitig beteiligt? Werden die örtliche Politik, die Verwaltung und das Gewerbe mitgenommen? Stimmen die Proportionen demografisch und finanziell bei den Partnern?

Wir sind als Verband der kreisangehörigen Kommunen Carmen Möller dankbar für ihre vorliegende Publikation, die vom Beispiel der neuen Gemeinde Wesertal ausgeht und Chancen des gemeindlichen Zusammengehens darstellt. Auch wenn das Beispiel von Oberweser und Wahlsburg vor Ort überzeugt hat, ist es keine einfach übertragbare Vorlage für andere Kommunen, sondern bietet Denkanstöße für die künftige Daseinsvorsorge in Kooperation. Wir wünschen dem Büchlein viele interessierte Leserinnen und Leser.

Herzliche Grüße
Ihr
Harald Semler

3. Vorwort

Es war einmal ...

Nein, ganz so wie im Märchen ist die Geschichte von Oberweser und Wahlsburg nicht, auch wenn beide Gemeinden am Reinhardswald und damit am Märchenwald liegen.

Wobei das Ergebnis durchaus etwas Magisches hat.

Aber der Reihe nach:

Wahlsburg und Oberweser liegen hoch oben im Norden auf der hessischen Landkarte, in einer herrlichen Urlaubsregion – viel näher an Hannover als an Wiesbaden.

Diese regionale Ferne und die Riegellage zwischen Reinhardswald und Naturpark Solling-Vogler haben die Menschen schon immer enger zusammengeschweißt als zu anderen hessischen kommunalen Nachbarn.

Und natürlich auch zum Flecken Bodenfelde auf niedersächsischer Seite – aber diese Geschichte ist so wertvoll, dass wir ihr ein eigenes Kapitel im Buch widmen.

Beide Gemeinden sind klein und dünn besiedelt. Aufgrund ihrer geografischen Lage haben die Stadtväter schon sehr früh – nämlich direkt schon zu Beginn und während der Gebietsreform Anfang der 70-er Jahre – damit begonnen, kommunale Aufgaben gemeinsam zu erfüllen. Eine der ersten öffentlich-rechtlichen Vereinbarungen war eine länderübergreifende Vereinbarung zur Beschulung, die bis heute Gültigkeit hat.

Nach annähernd 50 Jahren nach der Gebietsreform schließen sich nunmehr die beiden Gemeinden Oberweser und Wahlsburg zur neuen Gemeinde „Wesertal“ zusammen.

Ein Kreis schließt sich.

Dieses Büchlein erzählt von den Hintergründen, von Schritten, von Anekdoten und vom Mut der Beteiligten (Bürgerinnen und Bürger, ehrenamtliche Politiker, Bürgermeister, Verwaltungsmitarbeiter), neue kommunale Wege zu gehen.

4. Daten und Fakten

Die Gemeinden Wahlsburg und Oberweser hatten eine geringe Einwohnerdichte, die aufgrund der demografischen Entwicklung weiter gesunken war.

In den letzten 10 Jahren war ein Bevölkerungsrückgang von mehr als 10% zu verzeichnen – was, wenn man es verdichten würde, bedeutet, dass zwei ganze Ortsteile weggefallen waren.

Die Tendenz sah weiterhin nicht rosig aus, es war weiterer Bevölkerungsrückgang prognostiziert.

Darüber hinaus verschob sich die Alterspyramide. In beiden Gemeinden hatte die Bevölkerung ein geringeres Einkommensniveau als der Landesdurchschnitt. Beide Gemeinden waren eher Wohngemeinden, denn die Menschen arbeiteten außerhalb der Gemeindegrenzen. Die Steuereinnahmen wurden daher von anderen Kommunen generiert.

Daraus folgend war die eigene Steuerkraft unterdurchschnittlich, was einen hohen Handlungsdruck auf die kommunalen Haushalte ausübte – mit der Maßgabe, dass immer mehr an freiwilligen Leistungen eingekürzt werden musste, die doch das Besondere ausmachten.

Die Dringlichkeit zum Handeln war hoch, der „Heimat-Eisberg“ begann zu schmelzen.

Es war beiden Gemeinden klar, dass sich diese Probleme mit einer Fusion nicht lösen ließen, aber man hinsichtlich der Leistungserbringung gemeinsam mehr Schubkraft zu günstigeren Konditionen hatte.

Ziel war und ist es, ein lebenswertes Umfeld zu gewährleisten und damit gemeinsam die Zukunft zu gestalten – mit allen verwaltungsinternen und kommunalen Konsequenzen.

5. Geschichten und Anekdoten

5.1 Wir vom Land – die Chemie stimmt

Das erste Mal, als ich mit den Bürgermeistern Joerg-Otto Quentin, Cornelius Turrey und Mirko von Pietrowski zusammentraf, war beim Abstimmungstermin zur Förderung der Machbarkeitsstudie. Wir trafen uns bei dem Abteilungsleiter „Kommunales“, Herrn Graf, im Hessischen Innenministerium.

Mein Zug hatte Verspätung und so waren die Herren schon mitten in den Verhandlungen mit dem Innenministerium.

Ergebnis war, dass das Land die Studie zu 100% fördern und dabei auch den niedersächsischen Flecken Bodenfelde mit in der Studie einbeziehen würde – ein Novum in der Förderpolitik, da länderübergreifende Zusammenarbeit bis dahin nicht unbedingt im Fokus der interkommunalen Zusammenarbeit gestanden hatte.

Alle waren mit dem Ergebnis mehr als zufrieden, als sich die Runde nach anderthalb Stunden auflöste. Wie es der Zufall so wollte, trafen wir uns in der S-Bahn wieder, die drei Bürgermeister und ich. Wir hatten soviel Gesprächsstoff, dass wir glatt den Ausstieg am Frankfurter Hauptbahnhof verpassten und an der Konstabler Wache zurückfahren mussten. Die Chemie stimmte und so ist das bis heute unser „running gag“: „Wir vom Land unterwegs“.

5.2 Wege zeigen

Direkt eine Woche später war ich zum ersten Mal in Oberweser und Wahlsburg. Jeder, der aus einer ländlichen Region kommt, weiß, dass es schwierig ist, ohne Auto von A nach B zu gelangen. Und so war es für Bürgermeister Quentin ganz selbstverständlich, dass er mich am Bahnhof in Bodenfelde abholte. Ohne Aufhebens, mit seinem eigenen Wagen.

Nachdem er mir die Geschichte des Rathauses erzählt und die Mitarbeiter vorgestellt hatte, zeigte er mir die komplette Gemarkung – natürlich in seinem eigenen Wagen. Es ging über Stock und Stein, bis hoch zur Reha-Klinik, die auf kommunalem Grund steht. So konnte ich einen tiefen Einblick in die räumlichen Gegebenheiten gewinnen. Und in die Mentalität der Menschen im äußersten Norden Hessens: Da, wo Nachbarschaftshilfe tatsächlich noch gelebt wird und einer dem anderen hilft.

5.3 Das Abtasten in der Lenkungsgruppe und wie Vertrauen wächst

Einer der grundlegenden Prinzipien bei der Studienerstellung war und ist die breite Partizipation von Beginn an. Das hat zur Folge, dass die Studie schrittweise entwickelt und in einer Lenkungsgruppe diskutiert und abgenommen wurde. Die Lenkungsgruppe in Oberweser und Wahlsburg bestand aus den Ältestenräten und den Bürgermeistern der Gemeinden.

In der konstituierenden Sitzung war die Erwartungshaltung hoch und die Spannung spürbar, man konnte sie fast greifen. Das ist auch sehr natürlich, kannte man sich zwar teilweise privat, hatte aber noch nicht in dieser Tiefe auf der politischen Ebene zusammengearbeitet.

So war es zu Beginn zunächst ein gegenseitiges Abtasten, das sich jedoch durch die vorab vereinbarte Gliederung der Studie und den Zeitplan eng am Thema und damit an der Sache orientierte.

In den folgenden Sitzungen öffneten sich die Mitglieder immer weiter. In der Rückschau ist dies einer der wichtigsten Faktoren für das Gelingen der Fusion gewesen: die Schaffung einer Basis für eine gemeinsame und vertrauensvolle Zusammenarbeit, in der Klippen und kritische Phasen konstruktiv einer Lösung zugeführt werden konnten.

Und das Gentlemen-Agreement, sich zunächst auf dieser Ebene zu einigen, war für alle verbindlich und wurde bis zum Schluss eingehalten.

5.4 Als in Gottstreu schon fast alles verloren geglaubt war

Ein Fusionsprozess ist ein ständiges Auf und Ab. Und so entwickelte sich zu Beginn eine Situation, in der abgewogen wurde, ob eine Dreier-Fusion – über die hessische Landesgrenze hinweg nach Niedersachsen – möglich wäre.

Der Flecken Bodenfelde hatte und hat eine noch schwierigere Ausgangslage als die Gemeinden Wahlsburg und Oberweser: Erstens liegt er jenseits der Landesgrenze, zweitens ist die Riegellage noch ausgeprägter und drittens bleibt als etwaiger länderspezifischer IKZ-Partner nur noch die Stadt Uslar – die aber deutlich grösser als der Flecken

Bodenfelde ist. Dies hatte auch der Bürgermeister Mirko von Pietrowski frühzeitig erkannt.

Unter den drei Bürgermeistern Quentin, Turrey und von Pietrowski war daher eine ergebnisoffene Prüfung unter Einbeziehung einer Dreier-Option ein sinnvoller Weg.

Was wir unterschätzt hatten, war die emotionale Hürde: Trotz Sichtweite nach Bodenfelde, einer schon seit 40 Jahren bestehenden gemeinsamen Beschulungsregelung über die Landesgrenze hinweg und verwandtschaftlicher und freundschaftlicher Beziehungen dies- und jenseits der Weser gab und gibt es eine emotionale Hürde – nach meinem Empfinden begründet in der Ländergrenze.

Und so kochten im Oktober 2017 im Oberweser Ortsteil Gottstreu bei einer Gemeindevertretersitzung die Emotionen hoch. Ergebnis: Prüfung einer Fusion Wahlsburg / Oberweser: ja; Prüfung einer Dreier-Fusion mit Bodenfelde: nein.

Wie haben wir daraufhin eine Lösung gefunden? Indem wir offen miteinander kommuniziert und gemeinsam festgestellt haben, dass dieser Schritt (zunächst noch) zu groß ist.

Im Rahmen der Studie wurde dem dann in der Weise Rechnung getragen, dass die Studie in drei Teile gegliedert wurde:

- Ergebnisoffene Prüfung einer Fusion zwischen Oberweser und Wahlsburg
- Prüfung einer vertieften interkommunalen Zusammenarbeit mit dem Flecken Bodenfelde
- Entwicklung von Prüfschemata für interkommunale Zusammenarbeit mit weiteren kommunalen Nachbarn, dies- und jenseits der Ländergrenze.

Nur die direkten Gespräche, der offene Dialog und das Gefühl für die Nöte des anderen waren und sind der Grund dafür, dass der Prozess nicht an dieser Stelle schon zu Ende war.

Machbarkeitsstudie: Vertiefende kommunale Zusammenarbeit zwischen der Gemeinde Wahlsburg und der Gemeinde Oberweser sowie dem Flecken Bodenfelde"

2.3.2018

FREIHERR-VOM-STEIN-BERATUNGS-GESELLSCHAFT MBH

MACHBARKEITSSTUDIE: „VERTIEFENDE KOMMUNALE ZUSAMMENARBEIT ZWISCHEN DER GEMEINDE WAHLSBURG UND DER GEMEINDE OBERWESER SOWIE DEM FLECKEN BODENFELDE"

Seite 1

5.5 Bürgerversammlung in Gewissenruh

Nachdem die Studie fertig erstellt und in einer gemeinsamen Sitzung den beiden Gemeindenvetretungen, Gemeindevorständen und Ortsbeiräten vorgestellt worden war, folgten in weiteren Schritten die Zustimmung zum Studienergebnis und die Einleitung eines Vertreterbegehrens zur Eröffnung eines Bürgerentscheids in den Gremien. Es gab von Beginn an Konsens darüber, dass den Bürgerinnen und Bürgern in dieser existenziellen Frage die Entscheidung direkt überlassen werden sollte.

Zur Vorbereitung des Bürgerentscheids wurden insgesamt 10 Bürgerversammlungen durchgeführt: 2 gemeindeübergreifende Bürgerversammlungen, in denen auch die Oberzenter von ihren Erfahrungen berichteten, und 8 ortsteilsbezogene Informationsveranstaltungen.

Jede dieser Veranstaltungen hatte ihren ganz eigenen Charakter. Allen gemeinsam waren jedoch die große Sachlichkeit und Unaufgeregtheit, mit der die Bürgerinnen und Bürger ihre Fragen stellten. Diese Veranstaltungen waren von Ehrlichkeit und Offenheit geprägt.

Was mich beeindruckt hat, war das große Interesse der Menschen vor Ort: So war im kleinsten Ortsteil Gewissenruh der Raum proppenvoll. ¼ aller Einwohnerinnen und Einwohner waren gekommen, um Flagge zu zeigen – auch für ihre Feuerwehr; 80% der Anwesenden trugen ein T-Shirt der freiwilligen Feuerwehr. Carsten Gohlke vom Hessischen Rundfunk, der an diesem Abend vor Ort war, nahm die Stimmung per Interviews auf, ein tolles Zeitzeugnis, das auf hr4[1] als Podcast zu hören ist.

---

[1] hr4_nordosthessen_20180914_79768439.mp3

5.6 Erfahrungsbericht aus der Oberzent öffnet Horizonte

Die beiden großen Bürgerversammlungen fanden in den beiden größten Ortsteilen, Lippoldsberg und Gieselwerder, statt.

In diesen Runden haben wir uns bewusst zurückgenommen und den Projektleiter und den Staatsbeauftragten der Oberzent eingeladen. Die Stadt Oberzent ist die erste freiwillige Gemeindeneugründung in Hessen seit der Gebietsreform, umgesetzt zum 01.01.2018.

Gemeindefusion: Neue Postleitzahl – Bürgermeistersitz offen – Gebühren steigen nicht

Von Thomas Thiele

OBERWESER/WAHLSBURG. Mit etwa 130 Personen, davon etwa 60 Prozent aus Oberweser und 40 aus Wahlsburg, war die erste von zwei Bürgerversammlungen zur möglichen Gemeindefusion (wir berichteten) von Oberweser und Wahlsburg gut besucht. Die über zweieinhalbstündige, sehr sachliche Veranstaltung war geprägt von mehreren Referaten und dann Fragen der Zuhörer. Eine Übersicht der wichtigsten Fakten:

? Welche Fristen für die nächsten Schritte gibt es?

! Alles orientiert sich am Ruhestand des Wahlsburger Bürgermeisters ab August 2019. Wenn die Fusion nicht zum 1. Januar 2020 gelingt, muss Wahlsburg für sechs Jahre einen neuen Bürgermeister wählen. Die Parlamente müssen bis Juni 2018 für oder gegen Bürgerentscheid stimmen.

? Könnte es Probleme vor oder bei der Fusion geben?

! Gutachterin Carmen Möller sagte, dass schon mehrere von oben verordnete Gemeindefusionen scheiterten, weil die Bürger sie nicht annahmen. In Wahlsburg und Oberweser gebe es aber schon lange eine Zusammenarbeit etwa bei Schulen, Vereinen, Bauhof, Standesamt und Kassenverwaltung. Christian Kehrer, Projektleiter der gerade fusionierten neuen Stadt Oberzent bei Darmstadt, berichtete, dass die vergrößerte Kommune jetzt eine viel bessere Verhandlungsposition gegenüber Anbietern habe. Durch die Fusion würde in Oberzent sogar der Erhalt des Schwimmbades möglich.

Christian Kehrer

? Läuft eine Fusion denn wirklich so reibungslos?

! Natürlich gibt es Dinge, die Arbeit machen. Etwa, wenn Straßennamen wegen Doppelung geändert werden müssen oder wenn es eine neue Postleitzahl gibt. Da muss jeder Einwohner seine Dokumente ändern.

? Können die Feuerwehren bestehen bleiben?

! In der neuen Gemeinde wird es nur noch einen Gemeindebrandinspektor geben. Da muss man sich einig werden. Aber die einzelnen Feuerwehren bleiben wegen der Alarmierungsfristen alle erhalten, sagte Oberwesers Parlamentschef Hubert Henne.

Hubert Henne

? Wo wird das Rathaus der neuen Gemeinde stehen?

! Beide Verwaltungen bleiben in jetziger Form erhalten. Wo aber letztlich der gemeinsame neue Bürgermeister seinen Sitz hat, das müssen die jetzigen Gemeindevertretungen im nötigen Grenzänderungsvertrag festlegen. Da muss man sich einig werden.

? Bleiben die Kindergärten alle erhalten?

! Am Betrieb der kommunalen und kirchlichen Kindergärten soll sich nichts ändern. Sie können vermutlich sogar die Angebote verbessern.

? Werden die Gebühren künftig steigen?

! Nicht im Zusammenhang mit der Fusion. Es soll bei Steuern und Gebühren eine Mischkalkulation geben, die niemanden mehr belastet. Eine vierköpfige Modellfamilie würde bei den Grundabgaben künftig 19 Euro weniger als bisher in Wahlsburg und drei Euro weniger als bisher in Oberweser zahlen, sagt das Gutachten.

Carmen Möller

Info: Die Gutachten in Kurz- und Langfassung sind zugänglich über eigene Buttons (Zusammenarbeit) auf den Internetseiten www.wahlsburg.de und www.oberweser.de.

Christian Kehrer, damals noch Projektleiter und mittlerweile erster gewählter Bürgermeister der Oberzent, und Egon Scheuermann, Staatsbeauftragter und ehemaliger Bürgermeister der Gemeinde Sensbachtal, verstanden es, die Menschen mit ihrem Bericht in den Bann zu ziehen. Sie berichteten freimütig von den Höhen und Tiefen des Fusionsprozesses der vier ehemaligen Kommunen zur neuen

Stadt Oberzent: Von den Anfängen der Überlegungen zur Fusion bis hin zu aktuellen Problemen der Paketzusteller, die neue Adresse zu finden.

Großes Interesse: Fast voll besetzt war das Haus des Gastes in Lippoldsberg, wo es Informationen zum möglichen Zusammenschluss der Gemeinden Wahlsburg und Oberweser gab. Foto: Rieß

Fusion stärkt Demokratie

Zusammenschluss von Wahlsburg und Oberweser lockt Bürger zu Info-Veranstaltung

Ihre Erfahrungen beschrieben viele Parallelen zum Fusionsprozess an der Oberweser. Und so konnte aus diesen Versammlungen ein offener Dialog und Diskurs werden, der die Menschen vor Ort mit- und ihre Fragen ernst nahm.

5.7 Ratssitzung Bodenfelde mit niedersächsischem Innenministerium: Wenn territoriale Hürden hoch sind

Eine denkwürdige Sitzung fand im Rat des Fleckens Bodenfelde statt. In der Machbarkeitsstudie war abgeprüft worden, ob und unter welchen Voraussetzungen eine vertiefte interkommunale Zusammenarbeit des Fleckens Bodenfelde mit den hessischen Nachbarn Oberweser und Wahlsburg gelingen kann und Sinn macht.

Der Flecken Bodenfelde ist die flächenmäßig kleinste Gemeinde im Landkreis Northeim und hat wie seine direkten hessischen Nachbarn mit den Folgen der Demografieentwicklung und der Strukturschwäche zu kämpfen.

Folgerichtig waren daher die strategischen Überlegungen des Rates, mehr gemeinsam zu erledigen.

Die Studie kam zu dem Ergebnis, dass es Felder und auch rechtliche Optionen für eine vertiefte interkommunale Zusammenarbeit zwischen den hessischen Nachbarn und Bodenfelde gab (Standesamt, Vertretungsregelungen Kindergärten, Bauhof), dass jedoch eine länderübergreifende Fusion die größten Potenziale erschließen würde.

Die Mitglieder des Rates Bodenfelde waren sich einig und wären diesen Weg auch mitgegangen: Sie hätten die Bevölkerung im Rahmen eines Bürgerentscheids hierzu befragt.

An dieser Stelle erwies sich das föderalistische System als großes, derzeit nicht zu überwindendes Hindernis: Der ebenfalls anwesende Vertreter des Niedersächsischen Innenministeriums verdeutlichte, dass derzeit keine Verschiebung der Landesgrenze gewollt sei – trotz des Willens des Rates vor Ort.

Globalisierung, Digitalisierung und der damit verbundende tiefgreifende Prozess der Transformation konnten diese Hürde nicht nehmen – eine einmalige Chance blieb ungenutzt.

5.8 Bürgerentscheid: Fast ¾ will die Fusion

Am 28. Oktober 2018 war es soweit: Gemeinsam mit der hessischen Landtagswahl fand der Bürgerentscheid statt. Die Frage „Sind Sie dafür, dass sich die Gemeinden Oberweser und Wahlsburg zu einer neuen Gemeinde zusammenschließen?“ entschied über die zweite freiwillige Gemeindeneugründung in Hessen.

Nachdem die Landtagswahl ausgezählt war, wurde der Bürgerentscheid ausgezählt. Die Spannung stieg unter den den zahlreichen Anwesenden. Schon die ersten Ergebnisse aus den kleinsten Ortsteilen zeigten einen Trend, der bis zur Auszählung aller Ortsteile anhielt: Fast ¾ der Stimmen entfielen auf ein „Ja“. Die Freude war groß.

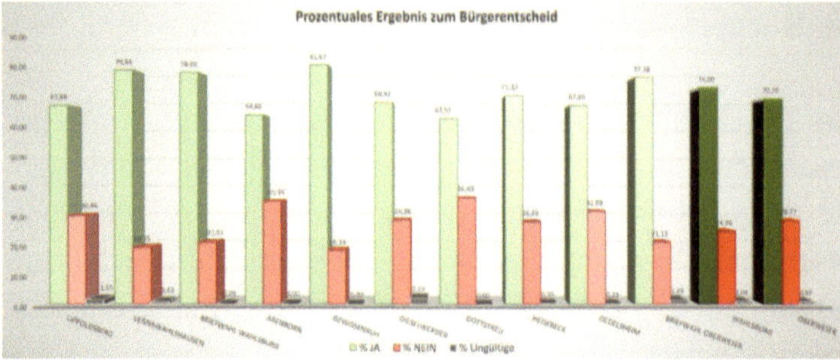

Damit war der erste und größte Schritt Richtung Fusion getan, da der Bürgerentscheid an die Stelle der Entscheidung der Gemeindevertretungen trat.

Die Bevölkerung stand hinter der Fusion!

5.9 Der Grenzänderungsvertrag: Das „Gesetz zur Fusion“

Die Hessische Gemeindeordnung sieht vor, dass bei einem solch grundlegenden Vorhaben wie einer freiwilligen Gemeindeneugründung ein sog. „Grenzänderungsvertrag“ zu schließen ist. In ihm werden die Gebietsänderungen, der Gemeindename, die Postleitzahl, doppelt vorhandene Straßennamen, die Ortsteile, Übergangsregelungen zu den Gremien, Neuwahlen und Nachwahlen, Rechtsnachfolge und vieles mehr geregelt.

Die Ausarbeitung des Grenzänderungsvertrages begann direkt nach dem positiven Bürgerentscheid Anfang November 2018.

Insbesondere die öffentlichen Einrichtungen „Wasser und Abwasser“ sorgten für Diskussionen, hatten Wahlsburg und Oberweser historisch unterschiedliche Formen der Leistungserbringung gewählt: Während die Gemeinde

Wahlsburg „Wasser und Abwasser“ in 2010 an den Wasser- und Abwasserverband Solling übertragen hatte, erbrachte Oberweser „Wasser und Abwasser“ noch in Eigenregie.

Eine neue Gemeinde braucht hier aber eine einheitliche Gebühr und damit auch eine einheitliche Regelung.

Und so war auch noch Zeit über die Beschlussfassung zum Grenzänderungsvertrag hinaus erforderlich, um diese sensible Thematik einvernehmlich zu vereinbaren.

5.10 Beschlüsse in der Gluthitze

Der 25. Juni 2019 war ein weiterer besonderer Tag – an diesem Tage standen die jeweiligen Beschlussfassungen in den beiden Gemeindevertretungen zum Grenzänderungsvertrag auf der Tagesordnung.

Es war einer der heißesten Tage des ohnehin schon heißen Jahres 2019. In parallel stattfindenden Sitzungen in Lippoldsberg und Gieselwerder wurde die Beschlussfassung aufgerufen. Die Hessische Gemeindeordnung sieht als erforderliche Mehrheit eine qualifizierte Mehrheit vor.

In beiden Gemeindevertretungen fielen die Beschlüsse einstimmig – ein tolles Votum und wunderbares Signal für den weiteren Fusionsprozess.

Damit war die zweite, große Hürde auf dem Weg nach Wesertal genommen.

5.10.1 Im Burghof wird gefeiert

Schon zwei Tage nach den Beschlüssen wurde der Grenzänderungsvertrag in einer Feierstunde unterzeichnet. Bei Kaiserwetter hob der Staatssekretär des Hessischen Innenministeriums, Hr. Dr. Stefan Heck, in seiner Ansprache den historischen Moment hervor. Er würdigte den Mut und die Weitsicht der Menschen vor Ort.

Der Burghof des Gieselwerders vor dem Rathaus mit der Weser im Hintergrund bildete den malerischen Rahmen für die Feierstunde. Und so setzten die beiden Bürgermeister Jörg-Otto Quentin und Cornelius Turrey ebenso ihre Unterschrift unter den Grenzänderungsvertrag wie die beiden Ersten Beigeordneten Harald Henne und Jürgen Noll.

Für Bürgermeister Quentin bedeutete diese Unterschrift eine seiner letzten Amtshandlungen vor seiner Pensionierung – ein erfolgreicher Schlussstrich seiner jahrzehntelangen Bemühungen für mehr Gemeinsamkeit.

Der dritte, große Schritt zur Fusion war vollzogen.

Bei heimatverbundener Musik und einem leckeren Bufett verbrachten die vielen anwesenden Gäste, Bürgerinnen und Bürger und Freunde noch gesellige Stunden in einer lauen Sommernacht.

5.11 Die Emotionen kochen hoch – die Weserstraße in aller Munde

Eines der unterschätzten Themen während der Fusion war die Umbenennung der doppelt vorhandenen Straßennamen.

Dies war erforderlich geworden, da eine eindeutige Adresse sowohl für die öffentliche Sicherheit (Feuerwehr,

Rettungsdienst, Polizei) als auch für die postalische Erreichbarkeit (Post, Paketdienste) unerlässlich ist.

Während bei acht der neun zu ändernden Straßennamen zeitnah eine Einigkeit mit den Anwohnern erreicht werden konnte, erwies sich die Weserstraße als hartnäckig. Weder die Lippoldsberger noch die Oedelsheimer wollten auf „ihre“ Weserstraße verzichten. Die Alternativvorschläge und auch die Öffnung für weitere Vorschläge der Anwohner brachten keine Lösung. Je länger der Prozess dauerte, um so verhärteter wurden die Positionen.

Ein gefundenes Fressen für die Boulevard-Medien!

Und so blieb als letztes demokratisches Mittel nur noch ein Losentscheid, der die Entscheidung brachte: Die Weserstraße in Oedelsheim wird „Alte Weserstraße“, die Lippoldsberger „Weserstraßc“ bleibt unverändert.

Was bleibt, ist die Erkenntnis, dass es Themen gibt, die ein noch höheres Maß an Sensibilität und Empathie erfordern als zunächst gedacht.

5.12 Vom Doing in der Verwaltung: Die Mannschaft ist klasse

Nachdem von den Bürgerinnen und Bürgern und von den politischen Gremien die Rede war, ein (Ein)-Blick in die Verwaltung.

Ein solches Mammutprojekt kann nur funktionieren, wenn alle Mitarbeiterinnen und Mitarbeiter der Verwaltung dahinterstehen. Nicht nur, dass die alltägliche Arbeit weiterhin ganz normal weiter zu leisten ist. Nein, ein Projekt mit einem solchen Umfang bringt Umstellungsarbeiten in allen Bereichen der Verwaltung mit sich, die es in sich haben: von der Änderung der Adressen über das Rechnungswesen und die Organisation bis hin zu solch „naheliegenden" Themen wie die Aufhebung und Neubildung von Jagdbezirken.

Deshalb wurde von Beginn an vor Ort auch eine interne Lenkungsgruppe installiert, die den Prozess verwaltungsseitig steuerte.

Ein Großprojekt, das von einem knappen Dutzend Mitarbeitern (Köpfe, nicht Stellen!) geschultert wurde. Das kann nur funktionieren, wenn alle an einem Strang ziehen und man sich blind aufeinander verlassen kann.

Ein tolles Team, das durch die Fusion noch enger zusammengeschweißt wurde.

5.13 Der neue Gemeindename „Wesertal"

Der Arbeitstitel „Wesertal" war für die Studie schnell gefunden: Sowohl das gemeinsame Standesamt als auch der gemeinsame Bauhof und auch die über die Region bekannte Handballspielgemeinschaft HSG Wesertal trugen den Namen schon im Titel.

So gab es von Beginn an eine Gewöhnung an den Namen „Wesertal". Unabhängig davon wurde vor dem Beschluss zum Grenzänderungsvertrag die Bevölkerung informell zum vorgeschlagenen Gemeindenamen befragt: Die deutliche Mehrheit war für den Namen „Wesertal".

Auch das Hessische Innenministerium, das den Namen genehmigen musste, befand ihn als sehr geeignet: Die Menschen vor Ort identifizieren sich mit dem Namen, er ist lokal verbunden und man weiß, wo man auf der Landkarte suchen muss.

Gemeinde Wesertal
Ortsteil Gewissenruh
Landkreis Kassel

Gemeinde Wesertal
Ortsteil Gewissenruh
Landkreis Kassel

Und so stand der letzten großen Hürde nichts mehr im Wege: Im November 2019 wurde der Name Wesertal feierlich durch das Hessische Innenministerium verliehen sowie an gleicher Stelle der Grenzänderungsvertrag durch das Regierungspräsidium Kassel genehmigt.

5.14 01. Januar 2020: Der historische Moment

Am 01. Januar 2020 war es so weit: Die neue Gemeinde Wesertal, im äußersten Norden des Hessenlandes gelegen, entstand durch die Fusion der beiden Gemeinden Oberweser und Wahlsburg.

Die zweite freiwillige Gemeindeneugründung in Hessen nach der Gebietsreform Anfang der 70-er Jahre.

Vielleicht lag es ja an der abgeschiedenen Lage, vielleicht auch an der Bescheidenheit der Menschen vor Ort, die sich nicht gerne in den Fokus rücken: Dieser historische Moment wurde nahezu unbemerkt von den Medien vollzogen.

Hit Radio FFH
NACHRICHTEN VERKEHR HOROSKOP ON AIR MUSIK AKTIONEN VIDEO
Gemeindefusion
AUS OBERWESER UND WAHLSBURG WIRD WESERTAL
Gemeinde Wesertal
Ortsteil Gewissenruh
Landkreis Kassel
So sieht das neue Ortsschild aus - hier für den kleinsten Ortsteil Gewissenruh.
Aus zwei mach eins – ab heute gibt's im Kreis Kassel eine neue Gemeinde. Oberweser und Wahlsburg haben sich zusammengetan und heißen jetzt Wesertal. Mit der Fusion sollen nun Kosten eingespart und der Verwaltungsaufwand verringert werden. Cornelius Turrey, ehemaliger Bürgermeister von Oberweser und jetzt quasi Verwaltungschef von Westertal, ist froh über die Fusion der beiden Gemeinden.

Herzlich Willkommen in der Gemeinde Wesertal
GEMEINDE WESERTAL
Am 1. Januar 2020 haben sich die beiden Gemeinden Oberweser und Wahlsburg zur Gemeinde Wesertal zusammengeschlossen. Zur Gemeinde Wesertal gehören die Ortsteile Arenborn, Gewissenruh, Gieselwerder, Gottstreu, Heisebeck, Lippoldsberg, Oedelsheim und Vernawahlshausen.
Die beiden Standorte der Rathäuser in Gieselwerder und Lippoldsberg sowie die Außenstelle in Oedelsheim bleiben erhalten.
Bis zur Fertigstellung der neuen, gemeinsamen Internetpräsenz erhalten Sie hier alle Kontaktadressen sowie aktuelle kommunale und örtliche Nachrichten. Die bisherigen Webseiten mit zahlreichen Informationen aus den Orten bleiben zunächst bestehen und sind unten verlinkt.
Aktuell in Wesertal
Kontakte in Wesertal
Website Oberweser
Website Wahlsburg

Dem sog. „Schildbürgerstreich“, dem Diebstahl der Ortsschilder der ehemaligen Gemeinden Wahlsburg und Oberweser, wurde hingegen breites Medieninteresse zuteil – ein Schelm, der dabei an Sensationslust denkt.

5.15 Wenn aus Auftraggebern Freunde werden

Seit Mai 2017 durfte ich den Fusionsprozess begleiten. Das Miteinander kann nur als äußerst harmonisch und von gegenseitigem Respekt geprägt, gepaart mit dem richtigen Maß an Humor und Leichtigkeit, beschrieben werden. Wie in einer richtigen Familie gab es auch mal deutliche Worte, die aber nur dann möglich sind, wenn die Grundharmonie und das Grundverständnis füreinander da sind.

Auf einem solchen Weg geht man gemeinsam durch Höhen und Tiefen – das schweißt zusammen. Und so denke ich, es ist nicht übertrieben, festzustellen, dass die schon anfänglich vorhandene Empathie auf eine neue Ebene der Freundschaft gehoben wurde.

6. Was bleibt?

Wir leben in einem Zeitalter der Transformation. Nie zuvor sind Veränderungen so schnell von statten gegangen wie in der heutigen Zeit. Die Globalisierung, die Digitalisierung, der Wertewandel und nicht zuletzt der soziale Wandel sorgen für eine Veränderungsgeschwindigkeit, die manchen schwindlig werden lässt.

„Der Wandel gelingt erst, wenn aus Veränderungsdruck Innovationslust wird“ (aus: Dark Horse Innovation: Thank God it's Monday).

Die Beteiligten in Wahlsburg und Oberweser haben Mut und Weitblick bewiesen: Sie haben mit ihrem Tun dafür Sorge getragen, dass die kommunalen Dienstleistungen vor Ort bleiben und damit auch zum sozialen Frieden im Wettbewerb der Regionen beitragen.

Weil Demokratie auf kommunaler Ebene die Kernzelle ist!

Und das ist etwas, was bleibt und durch die erfolgreiche Fusion ein neues Fundament erhalten hat.

Bedanken möchte ich mich an dieser Stelle bei:

- Herrn Staatssekretaer Dr. Stefan Heck, Herrn Matthias Graf, Herrn Claus Spandau, Frau Andrea Reusch-Demel, Frau Andrea Speier und Frau Daniela Willkommen vom Hessischen Innenministerium, ohne deren tatkräftige Unterstützung die Fusion nicht möglich gewesen wäre
- Herrn Klaus Tampe und Herrn Jürgen Sager vom Regierungspräsidium Kassel und Herrn Jürgen Sommer mit seiner Mannschaft von der Kreisaufsicht des Landkreises Kassel
- Den Bürgermeistern Herrn Cornelius Turrey und Herrn Jörg-Otto-Quentin für ihr Vertrauen und ihre so empathische Art, den Menschen vor Ort die Dinge nahe zu bringen
- Der internen und externen Lenkungsgruppe, in der wir leidenschaftlich für die Sache gekämpft haben

- Den politischen Gremien in Wahlsburg und Oberweser, die mit ihren Beschlüssen den Weg geebnet haben
- Den Mitarbeiterinnen und Mitarbeiterin in den Verwaltungen, ohne deren Tun die Fusion nicht zustande gekommen wäre
- … und nicht zuletzt den Bürgerinnen und Bürgern, die mit dem positiven Bürgerentscheid das Vorschussvertrauen gegeben haben.

Und so bleibt eine tiefe Zufriedenheit und Verbundenheit zur Region und zur Fusion.

Carmen Möller lebt mit ihrem Sohn in der Nähe von Frankenberg/Eder. Sie ist von jeher eng mit der ländlichen Region verbunden und hat im Jahr 2017 ihr Unternehmen Komprax Result gegründet, das insbesondere kleine und mittlere Kommunen unterstützt.

Nun hat Carmen Möller ihrer Faszination für kommunales Handeln mit der Beschreibung des Fusionsprozesses in Wesertal Ausdruck verliehen. Ein großes Interesse an mehr Gemeinsamkeit ist vielerorts deutlich zu spüren, Kommunen arbeiten immer enger zusammen. Dieses Büchlein widmet sich der Thematik in Form von Geschichten von und mit Menschen.

Förderer und Partner Interkommunaler Zusammenarbeit

KOMMUNALES BERATUNGSZENTRUM HESSEN
Partner der Kommunen

Hessischer Städte- und Gemeindebund